Gabriele Kopp
Josef Alberti
Siegfried Büttner

Besuch aus Planetanien

Leseheft

Deutsch für Kinder

Hueber Verlag

4. 3. 2. | Die letzten Ziffern
2018 17 16 15 14 | bezeichnen Zahl und Jahr des Druckes.
Alle Drucke dieser Auflage können, da unverändert, nebeneinander benutzt werden.
1. Auflage

Zeichnungen: Bettina Kumpe, Braunschweig
Satz: Sieveking · Verlagsservice, München
Verlagsredaktion: Annette Albrecht, Hueber Verlag, München
Druck und Bindung: Auer Buch + Medien GmbH, Donauwörth
Printed in Germany
ISBN 978-3-19-541577-4

Vorwort

Liebe Kinder,
Ihr lernt seit einer Weile Deutsch.
Sicher könnt Ihr schon einige Wörter und Sätze verstehen und sprechen. Ihr könnt sogar schon ein wenig Deutsch lesen.
Wenn Ihr mit dem Buch Planetino arbeitet, kennt Ihr Planetino schon. Wenn nicht, so lernt Ihr Planetino jetzt kennen.

Planetino und seine Freunde schreiben auf Deutsch. Ihr versteht sicher schon viel.
Einige Wörter kennt Ihr noch nicht. Aber das macht nichts. Mit ein wenig Fantasie könnt Ihr erraten, was die Wörter bedeuten. Und dann versteht Ihr alles.
Ihr müsst nicht die ganze Geschichte auf einmal lesen. Das könnt Ihr natürlich, wenn Ihr Lust habt. Aber es ist ein bisschen schwierig.

Es geht auch einfacher: Auf jeder Seite am Rand steht eine Lektionsnummer in einer Farbe ■ ■ ■ ■ ■. Die gleiche Farbe findet Ihr im Buch. Wenn Ihr wartet, bis Ihr im Buch bis zur passenden Lektion kommt, könnt Ihr den Text besser verstehen.
Wir hoffen, dass Euch die Geschichte gefällt.

Also viel Spaß!
Das wünschen Euch
die Autoren

Die Personen in der Geschichte sind:

Leon Raich **Anna Sprenger** **Milan Karabeg**

Sie kommen aus Weerberg.
Das ist in Tirol, in Österreich.

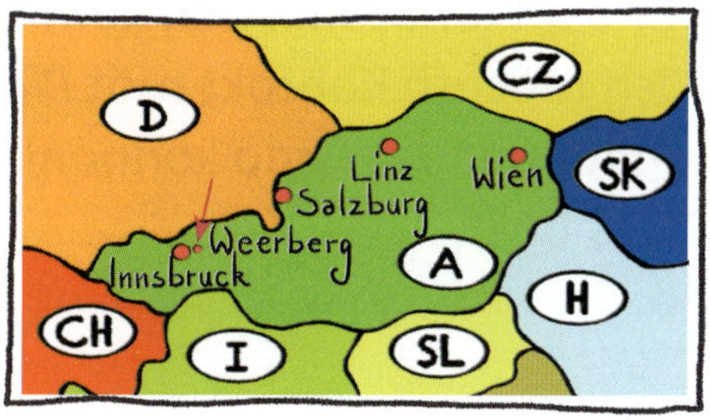

und Planetino

Planetino kommt aus Planetanien.

BRIEFFREUNDE.univ

EN FR DE ES IT

Planetino

Brieffreunde   Sprachen

Planetanien   Hobbys

Planetinos Nachricht:

Planetanisch:

Höllö, höllö, höör öst Plönötönö. Öch kömme öös Plönötönöön. Öch möchtö Köntökt möt *Planet Terra*. Öch möchtö Köndör ööf dör Ördö könnönlörnön. Wör schröööbt mör? Bös böld.

Ööör Plönötönö

Deutsch:

Hallo, hallo, hier ist Planetino! Ich komme aus Planetanien. Ich möchte Kontakt mit *Planet Terra*. Ich möchte Kinder auf der Erde kennenlernen. Wer schreibt mir? Bis bald.

Euer Planetino

Planetino schreiben

ab L3

Seht mal!

Was ist das denn?

Planetanien. Wo ist denn
Planetanien?

Ich weiß nicht. Aber das ist
interessant. Los, wir schreiben
eine E-Mail.

Waaaaaas?

Ja klar. Wir schreiben!

Na gut.

ab
L5

Von: trio.lam@austriamail.at
An: planetino@planetanien.univ

Hallo,
wir drei sind aus Weerberg. Das ist auf der Erde (Planet Terra), in Österreich.

Wir sprechen Deutsch. Verstehst Du Deutsch?

Wir haben viele Fragen. Wer bist Du?
Bist Du so etwas wie E.T.?

Wo ist Planetanien? Ist das ein Planet?
Bitte schreib uns bald.

Viele Grüße aus Weerberg/Österreich
Leon, Anna und Milan

P.S.: Hier ist ein Foto. Das sind wir.

ab L5

Von: planetino@planetanien.univ
An: trio.lam@austriamail.at

Hallo, Leon, Anna und Milan!

Danke für Eure Mail. Ich verstehe Deutsch, klar!
Und ich schreibe Deutsch.

Und nun zu Euren Fragen:

Planetanien ist ein Planet.
Planetanien ist klein, aber sehr schön, finde ich.

Danke für das Foto. Ihr seht nett aus.
Wer Anna ist, ist klar. Aber wör öst Leon?
Wös öst dönn dös? Deutsch! Nicht Planetanisch!
Wer ist Leon? Und wör öst Milan? Deutsch!!!
Au weia! Mein Computer macht heute Quatsch.
Wer ist Milan? Ah, jetzt geht es wieder. Na also!

Viele Grüße
Planetino

Eine Frage noch: Was macht Ihr denn da auf dem Foto?

ab L5

Seht mal, eine Mail von Planetino.

Los, wir schreiben.

Ich schreibe.

Warum du? Ich möchte schreiben.

ab L5

Nein, ich!

Also, so geht das nicht. Wir zählen ab. Einverstanden?

Einverstanden.

Also gut.

ab
L5

Was schreiben wir?

Wir schreiben etwas über uns.
Über dich, Leon. Über dich,
Milan …

Und über dich, Anna.

Klar!

Und was wir auf dem
Foto machen.

Gut. Also los.

Von: trio.lam@austriamail.at
An: planetino@planetanien.univ

Lieber Planetino,
wir sind drei Freunde. Wir gehen in die gleiche Klasse.
Ach ja: Hier ist noch mal das Foto.

Wir spielen oft zusammen. Wir spielen gern Karten,
wie auf dem Foto. Wir spielen aber auch Basketball und
manchmal Fangen in der Schule.
Was macht Ihr denn so in Planetanien?

Viele Grüße
Leon, Anna und Milan

Von: planetino@planetanien.univ
An: trio.lam@austriamail.at

Liebe Freunde,
Ihr spielt Fangen. Wie geht das? Ist das wie Ufo fangen? Das spielen wir nämlich gern.
Wir spielen auch Fußball. Meine Schwester ist eine sehr gute Fußballspielerin. Ich spiele auch gern Fußball. Gibt es Fußball auch auf der Erde?

Bis bald!
Planetino

Hey, Planetinos Mail
ist schon da.

ab
L5

Lass mal sehen.
Was ist denn „Ufo fangen"?

Ich weiß nicht.

Ein Ufo ist ein Ufo!

Das weiß ich. Aber ein
Ufo hier? Bei uns?

So ein Quatsch! Na, egal!

In Planetanien gibt es Fußball, genau wie hier. Das ist ja interessant!

Kommt, wir schreiben Planetino. Wer schreibt heute?

Ich.

ab L5

Von: trio.lam@austriamail.at
An: planetino@planetanien.univ

Hallo Planetino,
es gibt Fußball in Planetanien? Das ist ja super! Und Deine Schwester ist eine gute Fußballspielerin! Komisch, meine Schwester (ich bin Milan) nämlich auch. Maja ist schon 15 Jahre alt. Aber sie ist nett. Wir spielen manchmal Fußball zusammen.

Wir spielen überhaupt gern Fußball, auch Leon und Anna und alle Freunde.

Bis dann!
Milan, Anna und Leon

Von: planetino@planetanien.univ
An: trio.lam@austriamail.at

Lieber Milan,
Du hast eine Schwester, genau wie ich? Und sie spielt auch Fußball? Und Deine Schwester ist 15? Na so was! Meine Schwester Planetania ist nämlich auch 15.
Ich habe zwei Geschwister. Mein Bruder Planetonio ist erst zwei.
Und Ihr, Anna und Leon? Habt Ihr auch Geschwister?

Grüße aus Planetanien
Planetino

ab L5

Los, wir schreiben Planetino. Anna, du bist heute dran.

Ich schreibe von meiner Familie.

Aber auch von meiner Familie.

Und von meiner. Und mein Hund gehört auch zur Familie.

Ja, richtig. Wir schreiben auch von unseren Tieren. Du hast einen Hund, ich habe eine Katze.

Hund und Katze! Das ist ja leicht. Aber ich habe einen Hamster. Weiß Planetino, was ein Hamster ist? Hoffentlich.

ab L5

Von: trio.lam@austriamail.at
An: planetino@planetanien.univ

Lieber Planetino,
heute bin ich dran, Anna. Danke für Deine Mail. Du möchtest doch etwas von unseren Familien wissen. Also: Ich bin neun Jahre alt (Leon und Milan auch). Ich habe zwei Geschwister. Mein Bruder Jonas ist acht. Meine Schwester Luisa ist erst fünf. Und da ist noch Siri. Das ist mein Hamster. Er ist jetzt ein Jahr alt. Und er ist soooo nett! Ich spiele so gern mit Siri.
Leon hat zwei Schwestern, Alina und Sofie. Sie sind 13 und 14 Jahre alt. Milans Schwester Maja kennst Du ja schon. Ach ja richtig! Und da sind noch Minni und Rocky. Minni ist Leons Katze und Rocky ist Milans Hund. Minni und Rocky sind Freunde. Das ist super! Sie spielen oft zusammen.

Bis bald!
Anna, Siri, Leon und Milan

Von: planetino@planetanien.univ
An: trio.lam@austriamail.at

Liebe Freunde,
Ihr habt Tiere! Das ist super! Ich auch! Mein Hund heißt Planetasso. Er ist so schön und so blau, so blau wie ich. Ich bin nämlich ganz blau. Nur meine Antennen sind rot. Hier ist ein Foto, mein Hund und ich.
Blau ist sowieso meine Lieblingsfarbe. Alle meine Schulsachen sind blau: Mein Rucksack ist blau, mein Lineal, meine Sporttasche, alles. Sogar mein Malkasten hat nur Blau, nicht Rot, nicht Gelb, nicht Grün, nur Blau. Blau ist ganz wichtig in Planetanien.
Habt Ihr auch eine Lieblingsfarbe?

Blaue Grüße
Planetino

Seht mal, so sieht Planetino aus!

Ganz blau!

Und sein Hund erst! Die sehen ja komisch aus!

Aber sehr nett.

Und so blau!

Blau ist Planetinos Lieblingsfarbe.

Ja schon. Ich habe auch eine Lieblingsfarbe, Rot. Aber in meinem Malkasten gibt es auch andere Farben: Gelb, Grün, und so weiter. Nur Rot oder nur Blau! Das geht doch nicht. Da kann ich doch gar nicht malen.

Richtig! Wie malt Planetino zum Beispiel eine Kuh?

Kuh? Warum Kuh?

ab
L11

Na ja, wir haben hier doch so viele Kühe. Schau doch mal aus dem Fenster!

Vielleicht kennt Planetino Kühe gar nicht.

Das ist doch jetzt egal. Ich möchte wissen, wie die Schule in Planetanien ist.

Ja, das ist interessant.

Wer schreibt heute?

Abzählen!

Von: trio.lam@austriamail.at

An: planetino@planetanien.univ

Lieber Planetino,

heute schreibt Dir Milan.

Danke für das Foto. Dein Hund ist wirklich nett. Aber auf der Erde sind die Hunde nicht blau, sondern schwarz, braun oder weiß.

Du möchtest wissen, was unsere Lieblingsfarben sind. Also: Annas Lieblingsfarbe ist Rot. Leons Lieblingsfarbe ist Grün. Und meine Lieblingsfarbe ist Blau, wie Deine. Meine Sporttasche ist übrigens auch blau.

Wir haben aber auch andere Farben im Malkasten.

Was wir wissen möchten: Du gehst doch in die Schule. Wie ist die Schule in Planetanien?

Habt Ihr auch Mathematik, Sport, Musik und so? Und was macht Ihr da?

Liebe Grüße

Milan, Anna und Leon

Von: planetino@planetanien.univ

An: trio.lam@austriamail.at

Liebe Freunde,
ich gehe gern in die Schule. Schule macht Spaß. Na ja, manchmal habe ich keine Lust, vor allem, wenn Sport ist. Sport ist so langweilig. Da schreiben wir immer. Mathematik mache ich lieber. Da turnen wir. Manchmal spielen wir auch Fußball in Mathe. Musik ist auch ganz gut. Da zeichnen wir. Oder wir malen. Malen macht mir Spaß (alles in Blau). Und wie ist das bei Euch?

Liebe Grüße
Planetino

ab L11

Ah, eine Mail von Planetino.

Hey, was ist das denn?

Die schreiben in Sport. Na so was!

Und in Mathematik machen sie Sport!

Das gibt's doch nicht!

In Planetanien ist
eben alles anders.

Wir müssen Planetino
unbedingt von unserer
Schule schreiben.

Ja richtig! Wir machen
das doch nicht wie in
Planetanien. Das sieht
er dann.

ab
L11

Wir haben auch
noch Deutsch ...

Klar. Das schreiben
wir auch.

Was haben wir denn
noch?

Englisch, Sachunterricht ...

Versteht Planetino
Sachunterricht?
Na ja ...

Von: trio.lam@austriamail.at
An: planetino@planetanien.univ

Lieber Planetino,
heute bin ich dran, Leon.
Deine Schule ist ja wirklich interessant. Ihr habt Sport, Musik, Mathematik, genau wie wir. Aber Ihr macht alles anders! Bei uns ist das so: In Sport turnen wir. Wir spielen auch Fußball, Volleyball oder Basketball. Das ist super. Und im Winter gehen wir manchmal Schi fahren.
In Musik singen wir, und Frau Hofer, die Musiklehrerin, spielt Gitarre. Das ist schön. Frau Hofer ist sehr nett.
In Mathematik rechnen wir! Na ja.
Dann haben wir noch Deutsch und Englisch.
Im Sachunterricht, das ist sowas wie Geografie, lernen wir etwas über Österreich, über unseren Wohnort und so.
Das macht auch Spaß.

ab L11/12

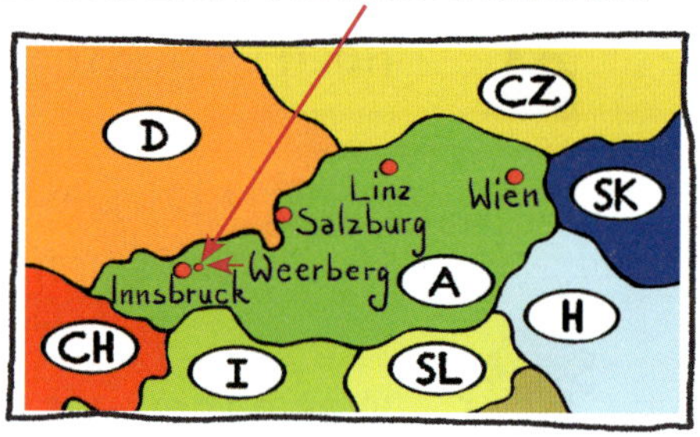

Viele Grüße
Deine Freunde
aus Österreich

Von: planetino@planetanien.univ
An: trio.lam@austriamail.at

Liebe Freunde,
ich möchte gern Österreich kennenlernen. Es ist sicher sehr schön bei Euch.
Ich habe noch eine Frage: Was ist *Schi fahren*?

Bis bald!
Planetino

ab L12

Planetino möchte Österreich kennenlernen.

Was schreiben wir denn da?

Na ja, wir können doch von unseren Bergen schreiben. Am besten, wir schicken Fotos.

Richtig. Dann weiß Planetino auch, was Schi fahren ist.

Von: trio.lam@austriamail.at
An: planetino@planetanien.univ

Lieber Planetino,
heute schreibe ich, Anna. Leon und Milan sind natürlich auch da.
Du möchtest etwas über Österreich wissen.
Also: Wir wohnen in Weerberg. Das ist in Tirol, in Österreich.
Wir haben viele Berge. Im Winter sind die Berge ganz weiß, voll Schnee. Da fahren wir Schi. Wir haben Schihosen an, Stiefel und zwei Schier. Wir fahren mit dem Lift auf den Berg. Und dann geht es hinunter. Ganz schnell! Das ist super!

Hier sind drei Fotos:

die Berge im Winter, mit Schnee

ein Schilift

Kinder beim Schifahren

Alles klar?
Viele Grüße
Anna, Leon und Milan

ab L14

Von: planetino@planetanien.univ
An: trio.lam@austriamail.at

Liebe Freunde,
danke für die Fotos. So geht also Schifahren. Das macht sicher Spaß.
Die Berge sehen toll aus, so schön weiß. Das ist doch im Winter, oder?
Wie sind denn die Berge im Sommer? Sind die Berge im Sommer auch weiß?

Bis bald!
Planetino

Lies mal! Da! Planetino schreibt: Sind die Berge im Sommer auch weiß?

So ein Quatsch! Im Sommer sind die Berge doch nicht weiß! Da ist doch kein Schnee!

Klar! Aber Planetino weiß das doch nicht.

Also. Was schreiben wir?

Ganz einfach. Wir schreiben, wie es hier im Sommer aussieht.

Aha?

Schau doch mal aus dem Fenster.
Was siehst du?

Grüne Wiese, viele Kühe.

Du und deine Kühe!

Stimmt aber doch!

Jaaa! Was schreiben wir noch?

ab
L16

Ich habe eine Idee! Kühe geben Milch. Und aus Milch macht man Käse. Wir schreiben etwas über unseren Käse.

Gute Idee!

Wer schreibt heute?

Ich.

Von: trio.lam@austriamail.at
An: planetino@planetanien.univ

Lieber Planetino,
Schnee gibt es nur im Winter. Im Sommer sind die Berge grün. Überall sind Wiesen, und die sind grün. Und da gibt es viele Kühe. Die Kühe geben Milch. Und aus der Milch machen wir Käse. Hm, Käse ist gut!!!
Ach so. Weißt Du, was Käse ist? Gibt es überhaupt Kühe in Planetanien?

Bis bald!
Leon, Anna und Milan

ab L16

Von: planetino@planetanien.univ
An: trio.lam@austriamail.at

Liebe Freunde,
natürlich gibt es in Planetanien Kühe. Die sind so schön, so blau! Wir haben auch Milch. Die ist auch blau, klar. Aber Käse kennen wir nicht. Der ist sicher gut und auch blau. Vielleicht können wir in Planetanien auch Käse machen. Wir haben doch Milch. Da frage ich mal.

Viele Grüße aus Planetanien
Planetino

Noch eine Frage: Habt Ihr Fotos von den Bergen im Sommer?

Ah, Planetinos E-Mail.
Hey, in Planetanien gibt
es Kühe!

Und die sind blau. Und
die Milch auch.

Na so was!

Planetino meint,
die Milch hier bei uns
ist auch blau.

Und der Käse auch!

ab
L16

So ein Quatsch!
Los, wir schreiben gleich.

Moment mal. Planetino
möchte doch Fotos haben.
Wir schicken Planetino
einfach Fotos von Milch
und Käse.

Richtig! Dann kann er
alles selbst sehen.

Von: trio.lam@austriamail.at
An: planetino@planetanien.univ

Lieber Planetino,
heute schicken wir Dir Fotos von hier.

Viel Spaß und liebe Grüße!
Deine Freunde aus Österreich

die Berge

die Kühe

Milch und Käse

ab L16

Von: planetino@planetanien.univ
An: trio.lam@austriamail.at

Liebe Freunde,
danke für die Fotos. Es ist wirklich schön bei Euch. Die Kühe sind ja gar nicht blau! Und die Milch auch nicht! Komisch!
Das möchte ich alles sehen. Ich komme bald zu Euch. Darf ich?

Bis bald!
Planetino

Hey! Planetino möchte kommen. Er möchte uns besuchen!

Super!

Toll!

Und wann kommt er?

Ich weiß nicht.

Los, wir schreiben sofort.

ab L16

Von: trio.lam@austriamail.at
An: planetino@planetanien.univ

Lieber Planetino,
Du möchtest zu uns nach Österreich kommen. Das ist super. Wann kommst Du denn?
Kommst Du schon bald? Ja?

Also bis bald!
Leon, Anna und Milan

Von: planetino@planetanien.univ
An: trio.lam@austriamail.at

Liebe Freunde,
ich darf also kommen! Danke, das ist super.
Meine Eltern sagen auch *Ja*. Ist das nicht toll? Ich fliege bald los.
Ich komme aber nicht sofort nach Österreich. Vorher möchte ich nämlich Europa kennenlernen. Ich möchte nach Deutschland fliegen, nach England, nach Italien, in die Schweiz, vielleicht auch nach Frankreich, nach Spanien, Polen, ...
Von jedem Land schicke ich Euch Fotos. Und Ihr ratet, wo ich gerade bin. Einverstanden? Das macht sicher Spaß.

Also bis dann
Planetino

ab L18

Wann kommt Planetino denn jetzt?

Das weiß ich nicht.

Er fliegt ja zuerst durch Europa.

Und wir sollen raten, wo er gerade ist.

Das ist doch lustig.

Los, wir wünschen Planetino
Gute Reise.

Von: trio.lam@austriamail.at
An: planetino@planetanien.univ

Lieber Planetino,
die Idee mit dem Ratespiel ist nett. Wir erraten sicher alles. Wir wünschen Dir eine gute Reise. Hoffentlich kommst Du bald.

Bis dahin liebe Grüße
Leon, Anna und Milan

Von: planetino@planetanien.univ
An: trio.lam@austriamail.at

Liebe Freunde,
hier sind Fotos vom Land Nummer 1.

Na, wo bin ich?

Liebe Grüße
Planetino

Wo ist Planetino?

Ich glaube, ich weiß es. Madame Tussauds London. Das ist doch in ...

Ja klar.

Von: planetino@planetanien.univ
An: trio.lam@austriamail.at

Liebe Freunde,
na, habt Ihr Land Nummer 1 erraten?
Hier ist Nummer 2.

CONNY LAND
Bodensee Freizeitpark CH-Lipperswil

Viel Spaß beim Raten!
Planetino

Wo ist er denn diesmal?

Das ist gar nicht so leicht.
Ich glaube, ich weiß es.

Ich auch!

ab L18

Von: planetino@planetanien.univ
An: trio.lam@austriamail.at

ab L18

Liebe Freunde,
hier sind Fotos vom Land Nummer 3.

In welchem Land bin ich?

Bis bald!
Planetino

Das ist ja heute leicht.

Ja, viel zu leicht.

Wir sind doch keine Babys.

Von: planetino@planetanien.univ
An: trio.lam@austriamail.at

Liebe Freunde,
hier ist Land Nummer 4. Wo bin ich jetzt?

Viele Grüße
Planetino

ab
L18

Ich glaube, ich weiß,
wo das ist.

Ich auch.

Ich auch!

Von: planetino@planetanien.univ

An: trio.lam@austriamail.at

Liebe Freunde,
jetzt bin ich hier im Land Nummer 5. Na?

Liebe Grüße
Planetino

ab
L18

Wo ist er denn diesmal?

Ich weiß nicht. –
Hier, Pariser Platz.

Pariser Platz? Das ist doch nicht in Paris!
Ich sehe mal im Internet nach.

Austrosuche

Pariser Platz

Achso!

Von: planetino@planetanien.univ
An: trio.lam@austriamail.at

Liebe Freunde,
hier sind wieder Fotos. Wo bin ich jetzt?

ALPEN ZOO
INNSBRUCK - TIROL

Bis bald!
Planetino

Seht mal, Planetino ist schon in ...

Ja, er ist sicher gleich da.

Super.

Und wir haben alles erraten!

Ich habe eine Idee! Wir können doch Planetinos Weg aufzeichnen.

Sehr gut. Also los.

ab
L20

Hört mal! Was ist das?

Ist das vielleicht ...

... ein Ufo?

Das ist Planetino!

Hey Planetino! Hallo!
Hallo Planetino. Da bist du ja.
Hallo Planetino!

Hallo Freunde! Da bin ich!
Wie schön!
Herzlich willkommen!

ab L20

Quellenverzeichnis

Seite 8: © dpa Picture-Alliance/dpa universal

Seite 24: Berge © fotolia/Roman Fomyshkin; Skifahrer © iStockphoto/Kazakov; Liftfahrer © Thinkstock/Getty Images/Jupiterimages

Seite 29: Berge © fotolia/Marcin Osadzin; Kühe © fotolia/Zakharov Evgeniy; Milch © fotolia/seen; Käse © fotolia/Elena Schweitzer

Seite 32: Trafalgar Square © mauritius images/Alamy; © Getty Images/Bloomberg; Fish & Chips © PantherMedia/Toni Anett Kuchinke

Seite 33: Flughafen © iStockphoto/fotogaby; Conny-Land Logo © mit freundlicher Genehmigung von CONNY-LAND AG, Lipperswil; Käse © fotolia/contrastwerkstatt

Seite 34: Straßenschild © dpa Picture-Alliance/Lars Halbauer; schiefer Turm © Thinkstock/iStockphoto; Eiswagen © Thinkstock/iStockphoto

Seite 35: Zug © A1PIX - YOUR PHOTO TODAY/Bernd_Ducke; Eifelturm © fotolia/axeldrosta; Baguette © iStockphoto/earleliason

Seite 36: Pariser Platz © Thinkstock/Zoonar; Spielstraße © fotolia/joe ribo; Würstelbude © fotolia/Georg Tschannett

Seite 37: Riesenrad © iStockphoto/vgajic; Alpenzoo Logo © mit freundlicher Genehmigung von Alpenzoo, Innsbruck; Wiese mit Kuh © Thinkstock/Hemera